Schauen und Wissen!

Bildnachweis

© blickwinkel – H. Baesemann: S. 4 (r.); M. Delpho: S. 11 (o.), S. 19; fotototo: S. 32 (u. r.); S. Gerth: S. 3 (l.), S. 33 (l.);
F. Hecker: Cover, S. 2, S. 4 (l.), S. 5, S. 9, S. 13, S. 27 (r.), S. 29 (u.), S. 31, S. 32 (o. r.); M. Hjelm: S. 20 (l.);
M. Hoefer: S. 10 (r.); C. Huetter: S. 30 (l.); A. Laule: S. 14, S. 26 (r.); W. Layer: S. 6 (u. r.); L. Lenz: S. 17 (o., u. r.);
B. Ludwig: S. 17 (u. l.); McPHOTO: S. 28 (r.), S. 29 (o., M.), S. 30 (r.); C. Mrazovic: S. 7 (r.), S. 33 (r.);
H. Schmidbauer: S. 23; I. Weber: S. 26 (l.); M. Woike: S. 3 (r.)
© Fotonatur – H. Duty: S. 7 (l.)
© iStockphoto – alikemalkarasu: S. 10 (l.); Andyworks: S. 11 (u.)
© M. Pforr/Naturbild-Archiv – S. 6 (o. l., u. l., o. r.), S. 12/13, S. 15, S. 18, S. 20 (r.), S. 21, S. 24/25, S. 25,
S. 27 (l.), S. 28 (l.), S. 32 (l.)
© Veronika Straaß – S. 34

Originalausgabe
© 2014 Hase und Igel Verlag GmbH, Frei-Otto-Straße 18,
80797 München, service@hase-und-igel.de
www.hase-und-igel.de
Lektorat: Monika Burger, Anna Meißner
Layout: Margit Kick
Illustrationen: Hendrik Kranenberg
Druck: Grafisches Centrum Cuno GmbH & Co. KG, Gewerbering West 27,
39240 Calbe (Saale), info@cunodruck.de

ISBN 978-3-86760-760-5
4. Auflage 2025

Veronika Straaß

Der Igel

Hase und Igel®

Ein stacheliger Besucher

Er schmatzt wie ein Ferkel, ist aber nur so groß wie ein Meerschweinchen. Er wacht auf, wenn wir schlafen gehen, und läuft im Dunkeln durch die Gegend. Er ist immer im Stachelkleid unterwegs und findet Laubhaufen ganz besonders toll. Wer ist das? Richtig: der Igel!

Alle Menschen sind begeistert, wenn vor ihnen ein Igel über den Weg trippelt. Jeder mag ihn. Jeder schaut ihm gern zu. Jeder freut sich, wenn er durch den Garten läuft. Vielleicht sind die Stacheltiere deshalb so beliebt, weil sie kaum Angst vor uns Menschen haben. Und es ist ja wirklich etwas ganz Besonderes, wenn man ein frei lebendes Tier einfach so beobachten kann.

Außer dem Braunbrustigel kommt auch der Weißbrustigel bei uns vor.

Schlaue Frage

Wie viele Stacheln hat ein Igel?
Ein erwachsener Igel trägt 6000 bis 8000 Stacheln auf seinem Körper.

Igeln auf der Spur

Wer so ein Häufchen findet, kann sich sicher sein, dass hier ein Igel unterwegs war.

Igel beobachten ist eigentlich ganz einfach. Man muss sich nur abends in eine dicht bewachsene Ecke in einem Garten oder im Park setzen und ein bisschen warten. Es dauert nicht lange, bis man es unter den Büschen rascheln, schnaufen, schmatzen und knuspern hört. Wenn Igel unterwegs sind, kann man sie kaum überhören.

Bleibt man dann ganz still sitzen, kann es sogar passieren, dass der Igel an den Hosenbeinen schnuppert oder über die Schuhe läuft. Solange wir uns nicht bewegen und nicht laut sprechen, sind wir Menschen einem Igel genauso egal wie ein Baumstamm oder ein Stein. Igel sehen nämlich nicht besonders gut. In der Dunkelheit kommen sie mit anderen Sinnesorganen dennoch gut zurecht.

Für Forscher

Stelle abends eine Schale mit Katzenfutter ins Freie: auf die Terrasse, in den Garten oder vor die Haustür. Wenn ein Igel in der Nähe wohnt, bekommt er bald den leckeren Geruch in die Nase und probiert das Futter. Er gewöhnt sich daran und kommt regelmäßig zu Besuch.

Immer der Nase nach

Wenn Igel nur schlecht sehen, wie finden sie dann ihr Futter? Ganz einfach: Sie gehen „immer der Nase nach". Ein Igel auf Futtersuche hat ständig die Schnüffelnase in der Luft. So kann er leckere Insekten riechen und mit seinen Tasthaaren an der Schnauze spüren, wenn sich etwas bewegt. Dann schnappt er einfach zu – und schon ist der Regenwurm oder der Ohrwurm, die Käferlarve oder die Spinne in seinem Maul verschwunden.

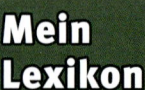

Mein Lexikon

Insekten:
Insekten sind die größte Gruppe unter den Tieren. Ihr dreiteiliger Körper besteht aus Kopf, Brust und Hinterleib und sie haben sechs Beine. Zu den Insekten gehören zum Beispiel Fliegen, Ohrwürmer, Ameisen, Bienen, Käfer, Heuschrecken und Schmetterlinge.

Ohrwurm

Laufkäfer

Drahtwurm

Regenwurm

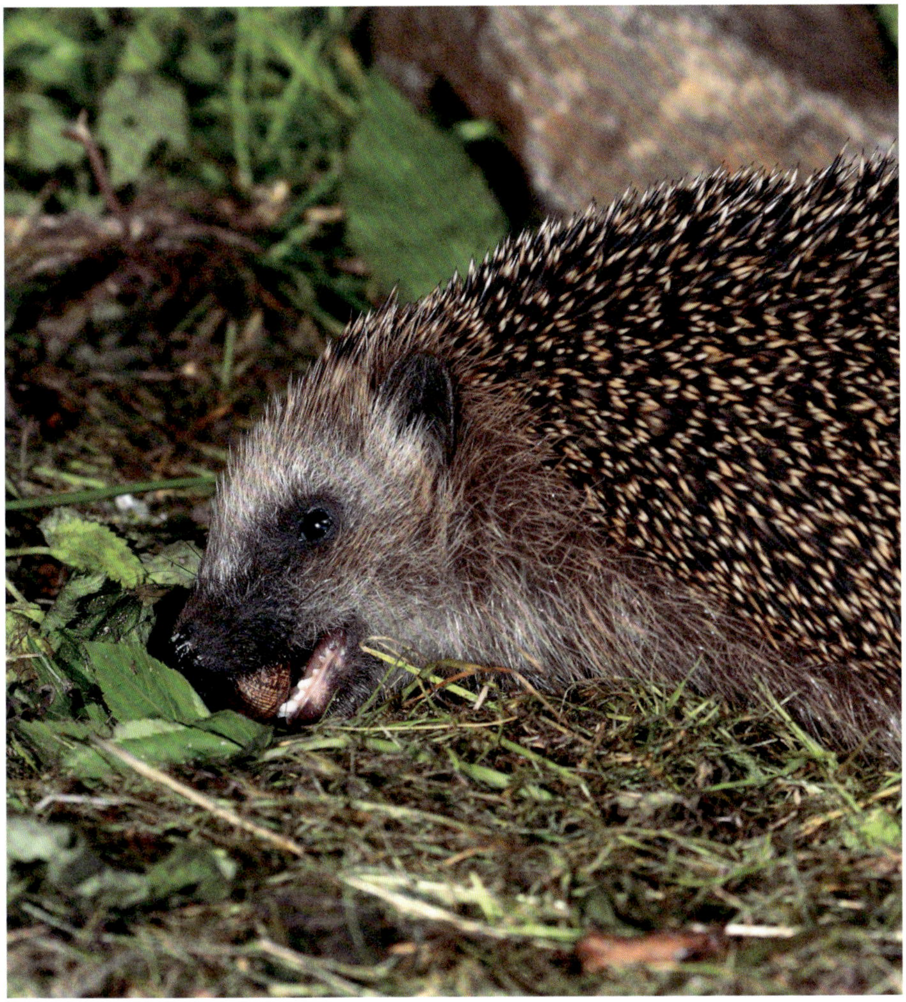

Nur eines mag auch der hungrigste Igel nicht: Nacktschnecken. Die sind ihm zu klebrig und zu schleimig. Kleine Gehäuseschnecken schmecken ihm dafür umso besser. Der Schnecke nützt es überhaupt nichts, dass sie sich in ihr Häuschen zurückzieht. Ihr Gehäuse wird vom Igel im Nu geknackt und zerbissen.

Schlaue Frage

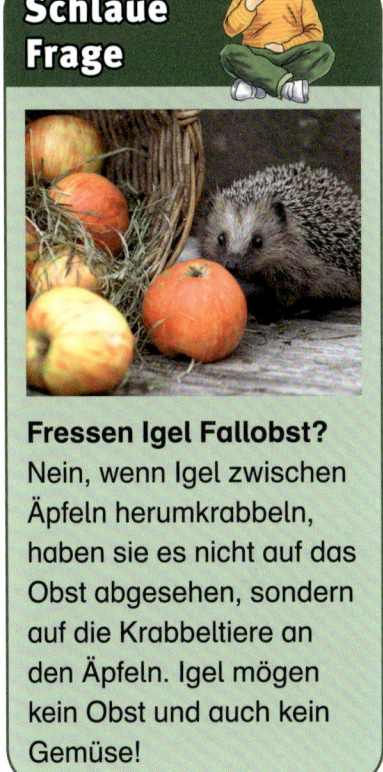

Fressen Igel Fallobst?
Nein, wenn Igel zwischen Äpfeln herumkrabbeln, haben sie es nicht auf das Obst abgesehen, sondern auf die Krabbeltiere an den Äpfeln. Igel mögen kein Obst und auch kein Gemüse!

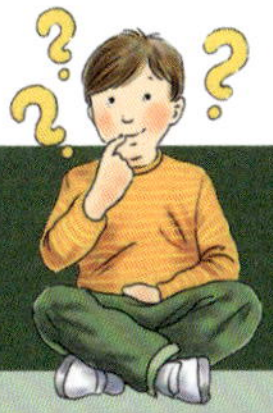

Schaum vor dem Mund

Wenn ein Igel etwas erschnüffelt, das er spannend findet, aber noch nicht kennt, dann benimmt er sich manchmal ziemlich merkwürdig.

Das neuartige Ding kann zum Beispiel ein herumliegender Gartenhandschuh sein. Zuerst beriecht und beleckt er den Handschuh von allen Seiten. Dann kaut er darauf herum, bis seine Spucke schaumig wird. Und diesen Spuckeschaum leckt er sich schließlich selbst auf seinen beiden Körperseiten in die Stacheln. Immer wieder dreht er mühsam den Kopf über die Schulter – einen Spuckeklecks nach dem anderen hinterlässt er auf seinem Stachelkleid.

Warum Igel das machen, weiß man nicht so genau. Aber eins steht fest: Ein Igel mit Spuckeschaum auf den Stacheln ist bestimmt nicht krank und hat keine Tollwut. Er hat sich einfach mit dem Duft einparfümiert, den er gerade entdeckt hat und aufregend findet. Und weil Jungigel in ihrem Leben natürlich noch nicht viel kennengelernt haben, haben sie besonders oft Schaum vor dem Mund.

Mein Lexikon

Tollwut:
Tollwut ist eine gefährliche Krankheit bei Haus- und Wildtieren. Ein Kennzeichen dafür ist Schaum vor dem Maul. Durch die Spucke kranker Tiere können Menschen die Krankheit auch bekommen. Zum Glück kommt Tollwut bei uns kaum noch vor.

Ganz schön anstrengend sieht das aus, wie der Igel sich verrenkt, um seinen Körper einzuschäumen.

Immer auf Wanderschaft

Igel sehen total gemütlich aus, oder? Stimmt aber nicht! In Wirklichkeit sind die Stacheltiere ganz schön schnell unterwegs. Wenn sie es eilig haben, kommen auf einmal lange, dünne Beinchen unter dem Stachelmantel zum Vorschein. Der gerade noch träge Igel hat plötzlich eine erstaunliche Geschwindigkeit.

Aber Igel sind nicht nur flott, sie haben auch eine große Ausdauer: In einer Nacht legen sie ohne Weiteres einen Kilometer zurück. Besonders fitte Igelmännchen schaffen sogar drei Kilometer!

Schlaue Frage

Wie schnell kann ein Igel laufen?
Das haben Forscher einmal mit einer Stoppuhr gemessen: Der schnellste Igel erreichte fast das Tempo eines Spaziergängers! Das sind etwa fünf Kilometer in der Stunde.

Wenn's sein muss, sind die Stacheltiere auch gute Schwimmer. Sind die besten Regenwürmer auf der anderen Seite eines Baches zu finden, dann gehen sie eben auch mal baden.

Für Forscher

Probier's aus: Wenn du zwölf Minuten lang gleichmäßig spazieren gehst, dann legst du etwa einen Kilometer zurück. Das ist die Strecke, die ein Igel in einer Nacht läuft.

Total eingeigelt!

Igel haben es gut: Wenn sie etwas lästig finden oder wenn ihnen jemand Angst macht, müssen sie nur die Stacheln aufstellen, schon haben sie ihre Ruhe. Jeder Hund und jeder Fuchs versteht schnell, dass man sich hier nur eine zerstochene Nase und zerkratzte Pfoten holen kann.

Eigentlich sind die Stacheln des Igels nichts anderes als besonders harte, feste Haare. Und genauso wie eine Katze ihr Fell sträuben kann, so kann ein Igel seine Stacheln aufstellen. Fühlt er sich bloß ein bisschen unwohl, zieht er nur die stachelige Kopfhaut wie eine Kapuze über die Augen. Wird es aber richtig gefährlich, so rollt sich der Igel komplett zu einer Stachelkugel zusammen. Jetzt sieht man nicht einmal mehr seine Schnauze.

Schlaue Frage

Wie rollt sich der Igel zusammen?
Der Igel hat oberhalb der Pfoten rings um seinen Körper einen Ring aus Muskeln. Den zieht er bei Gefahr rasch zusammen und verschwindet komplett in seinem Stachelkleid. Etwas Ähnliches passiert, wenn du bei einem Beutel eine Zugschnur zusammenziehst.

Wer will sich schon mit so einem Stachelball anlegen?

Wenn Igel Hochzeit machen

Was macht ein Igelmann, damit ihn ein Weibchen toll findet? Er läuft ihr hinterher und verfolgt sie auf Schritt und Tritt. Das Igelweibchen sieht nicht gerade aus, als wäre es von seinem Verehrer begeistert. Immer wieder faucht die Igelfrau ihren Liebhaber an und schubst ihn mit aufgestellten Stacheln weg. Doch er gibt nicht auf. Pausenlos beschnüffelt und umkreist er sie. Stundenlang, oft sogar tagelang geht das so. Irgendwann gibt das Igelweibchen dann doch nach und paart sich mit dem Männchen.

Mein Lexikon

Paarung:
Bei der *Paarung* überträgt das männliche Tier Samen in das weibliche Tier. Daraus können sich Junge entwickeln, die einige Zeit später auf die Welt kommen. Man sagt, das männliche und das weibliche Tier paaren sich.

Stundenlang umkreist und umwirbt der Igelmann sein Weibchen.

Igel paaren sich meist zwischen Mai und August.

Und dann? Suchen sich die beiden Igel ein schönes Zuhause und ziehen gemeinsam ihre Kinder groß? Nein, bei Igeln ist das anders: Wenn sich die beiden einige Male gepaart haben, zieht das Männchen weiter. Um die Jungen kümmert sich das Weibchen später ganz allein.

Stachelige Babys

Ungefähr fünf Wochen nach der Igelhochzeit ist es so weit: Das Weibchen verkriecht sich in sein Nest und bringt seine Babys zur Welt. Die Neugeborenen können noch nichts sehen und hören. Sie sind nur so lang wie ein kleiner Finger, wiegen etwa so viel wie ein Filzstift – und sie sehen überhaupt nicht wie Igel aus.

Und wo bleiben die Stacheln? Die sind zwar schon da, aber noch gut versteckt. Wenn Igel auf die Welt kommen, ist die Haut auf ihrem Rücken so angeschwollen, dass die Stacheln darin versinken. Deshalb sehen die Igeljungen zuerst eher wie nackte, rosa Mäuschen aus. Erst ein oder zwei Tage später schieben sich die weichen, weißen Babystacheln aus der Haut.

Für die Igelmutter ist es natürlich sehr angenehm, dass die Stacheln ihrer Kinder bei der Geburt gut eingepackt sind, denn stachelige, piksige Kinder würden ihr ganz schön wehtun.

Schlaue Frage

Was geschieht mit den weißen Babystacheln eines Igels?
Die weichen, weißen Babystacheln fallen ein paar Tage nach der Geburt aus und braune Stacheln wachsen nach.

So ein winziger Igel wäre ohne seine Mutter verloren. Er ist noch blind, taub und völlig hilflos.

Ein paar Tage nach der Geburt sind die Augen noch fest geschlossen, aber die zweiten Stacheln sind bereits nachgewachsen.

Die Igeljungen wissen von Geburt an, wo sie Nahrung finden, und werden von ihrer Mutter gesäugt.

Kleine Igel werden groß

Schon nach wenigen Tagen haben die Igelkinder ein neues Stachelkleid aus braunen Stacheln. Mit elf Tagen können sich die Kleinen schon einrollen wie die Großen, mit zwei Wochen öffnen sich die Augen und Ohren und mit drei Wochen bekommen sie ihre ersten Zähne.

Schlaue Frage

Was passiert, wenn sich ein Jungigel zu weit von seiner Mutter entfernt? Er bekommt Angst und ruft um Hilfe. Man kann dann manchmal schrille Pfeiftöne hören. Sofort ist die Mutter zur Stelle. Sie packt den Ausreißer und trägt ihn im Maul zu den anderen zurück.

Mein Lexikon

Milchzähne:
Die ersten Zähne bei vielen Säugetieren, aber auch beim Menschen nennt man *Milchzähne*. Nach einer bestimmten Zeit fallen sie aus und darunter kommen neue, größere Zähne zum Vorschein.

Und jetzt geht es erst richtig los: Nun krabbeln die Jungen aus ihrem Nest und gehen gemeinsam mit ihrer Mutter auf Futtersuche. Aufgeregt schnüffeln und stöbern sie herum, bohren ihre kleinen Nasen in jedes Grasbüschel, durchpflügen Maulwurfshügel und suchen unter lockerer Rinde nach Fressbarem. Wie man einen Käfer knackt oder einen Regenwurm aus dem Boden zieht, müssen sie nicht erst lernen. Das wissen sie von Geburt an.

Ein Nest im Blätterhaufen

Wenn die kleinen Igel müde sind vom Käferfangen und Regenwürmerjagen, wuselt die ganze Familie zurück ins Nest. Ein Igelnest ist einfach ein Laubhaufen. Wenn ein Igel ein Nest baut, trägt er im Maul Blätter in einen geschützten Winkel, türmt sie zu einem Berg auf, kriecht mitten hinein und dreht sich so lange darin herum, bis die Blätter ihn von allen Seiten einigermaßen dicht umschließen. Sogar ein paar Monate große Kälte kann ein Igel darin ohne Probleme verschlafen.

Im Sommer bauen sich viele Igel gar kein Nest. Sie rollen sich einfach in einem Brennnesseldickicht oder unter einem Busch zusammen und verschlafen dort den Tag.

In einem dicht überwachsenen Verhau aus Ästen und Stämmen kann ein Igel ein perfektes Nest bauen.

Für Igelmütter mit Jungen ist so ein unsicheres Lager aber nichts. Deshalb bauen sie ihre Nester besonders gerne im Dorngestrüpp: Die Zweige stützen den Blätterhaufen von allen Seiten und die Jungen sind zwischen den Dornen gut geschützt. Hier erwischt kein Hund, kein Dachs und auch kein Fuchs die Jungigel.

So eine Schlafmütze!

Wenn es kalt wird im Herbst, wenn die Insekten und Regenwürmer verschwinden und die Bäume kahl werden, verabschieden sich auch die Igel. Sie ziehen sich in ihre kuschelig weichen, trockenen Nester zurück, rollen sich ein und lassen sich bis zum Frühjahr nicht mehr blicken. Sie halten Winterschlaf.

So ein Igel im Winterschlaf atmet nur noch drei- oder viermal in der Minute, sein Körper wird fast so kalt wie der Boden ringsum und sein Herz schlägt nur noch ganz, ganz langsam. Auf den ersten Blick könnte man ihn für tot halten.

Aber keine Angst, das sieht nur so aus. In Wirklichkeit spart der Igel nur seine Kräfte, bis es wieder wärmer wird. Er hält sich selbst nur gerade so warm, dass er nicht erfriert. Und das bisschen „Futter", das er im Schlaf zum Überleben braucht, holt er sich aus der Speckschicht, die er sich im Herbst angefressen hat.

Schlaue Frage

Woher weiß der Igel, wann es Zeit für den Winterschlaf ist?
Wenn es im Herbst längere Zeit kälter als 10 Grad ist, fühlt es sich für den Igel zu kalt an. Er zieht sich in seinen Laubhaufen zurück und sein Winterschlaf kann beginnen.

Mein Lexikon

Winterschlaf: Viele Tiere, die in der kalten Jahreszeit nicht genügend Futter finden, halten *Winterschlaf*. Sie fressen sich im Herbst eine Fettschicht als Vorrat an, die sie während des Schlafs aufbrauchen.

Für Forscher

Wenn du im Spätherbst oder Winter einen Igel auf Futtersuche siehst, braucht er unbedingt Hilfe. Stelle ihm täglich eine Schale mit Katzenfutter hin. Nur Igel, die mehr als 500 Gramm wiegen, können den Winter überleben.

Ein Traumgarten für Igel

Wie ein Garten aussehen würde, wenn ein Igel ihn sich wünschen dürfte? Da gäbe es sicher keinen regelmäßig gemähten Rasen, keine sauber gefegten Wege und auch keine ordentlich geharkten Blumenbeete! Igel mögen nämlich keine „aufgeräumten" Gärten. Igel mögen Gärten, in denen sie überall Schlupfwinkel finden und in denen sich Spinnen, Käfer, Regenwürmer und Nachtfalter wohlfühlen.

Wenn ein Igel einen Garten anlegen dürfte, würde er bestimmt einen schönen, großen Komposthaufen auftürmen. Komposthaufen sind für Igel nämlich Hotel und Restaurant in einem. Sie können sich darin ein kuscheliges Lager einrichten und dazu krabbeln ihnen noch die leckersten Käfer und Würmer direkt vor die Nase.

Außerdem würden sich Igel wünschen, dass Büsche ungestört vor sich hinwuchern dürfen. Denn im Zweiggewirr am Boden finden sie die gemütlichsten Verstecke. Und es ist sowieso klar, dass in einem Igelgarten auf keinen Fall Gift gegen Unkraut, Insekten oder Schnecken verteilt werden darf!

Für Forscher

Wer Lust hat, kann „seinem" Igel im Garten so eine Luxusvilla bauen. Das Bauen macht großen Spaß und der Igel findet es wunderbar.

Mein Lexikon

Kompost:
Auf einen *Komposthaufen* gibt man Küchen- und Gartenabfälle. Im Laufe der Zeit verwandeln sich die Abfälle in nährstoffreiche Erde. In dieser Erde wachsen Pflanzen besonders gut.

Gefahren im Garten

Auch wenn Igel sich in einem Garten mit verwilderten Ecken, gemütlichen Schlupfwinkeln und leckeren Regenwürmern noch so wohlfühlen, sind sie oft nicht sicher. Wenn man sich einen Garten mal aus der Sicht eines Igels ansieht, entdeckt man noch die eine oder andere Gefahr.

Ein Maschendrahtzaun, der bis zum Boden reicht? Oder ein Lattenzaun mit zu eng stehenden Latten? Wenn ein Igel hier durchschlüpfen will, kann er sich mit seinen Stacheln darin verhaken.

Auch lockere Vogelschutznetze auf Beerensträuchern oder Weinreben haben in einem igelfreundlichen Garten nichts zu suchen: Igel können sich in den Maschen verheddern.

Zäune sollten nicht bis zum Boden reichen, damit Igel bequem von einem Garten in den anderen hinüberschlüpfen können.

Falls ein Igel hier ins Wasser plumpst, kann er auf dem Steig bequem wieder herausklettern.

In Gartenteichen können Igel ertrinken. Sie sind zwar gute Schwimmer, aber an steilen Ufern kommen sie aus eigener Kraft nicht mehr heraus. Was tun? Einfach ein Brettchen mit einem Ziegelstein so beschweren, dass es als Rampe aus dem Wasser hinausführt. So kommt der Igel wieder an Land.

Auch die Schächte von Kellerfenstern sind für Igel gefährlich: Wenn sie dort hineinplumpsen und niemand sie findet, sind sie verloren. Am besten, man deckt die Schächte mit einem engmaschigen Gitter ab. Dann kann nichts passieren.

Für Forscher

Du hast zu Hause einen eigenen Garten oder kennst jemanden, der einen Garten hat? Frag mal, ob du helfen darfst, mögliche Gefahren für Igel aufzuspüren und vielleicht auch zu beseitigen.

Vorsicht, viele Feinde!

Ein Igel ist mit seinem Stachelkleid sehr gut geschützt. Daher könnte man meinen, dass er kaum jemanden zu fürchten hat. Aber das stimmt leider nicht. Einige Feinde des Igels wissen ganz genau, wie sie mit so einem stacheligen Häppchen fertig werden.

Schlaue Frage

Wie alt können Igel werden?
Eigentlich können Igel bis zu sieben Jahre alt werden. Aufgrund ihrer natürlichen Feinde und weiterer Gefahren werden sie aber oft nicht älter als zwei bis vier Jahre.

Uhus und Habichte können mit ihren langen Krallen Igel packen, ohne überhaupt einen Pikser der Stacheln abzubekommen.

Wenn ein hungriger Dachs einen eingerollten Igel findet, greift er mit den langen Krallen seiner Vorderpfoten genau dorthin, wo sich die piksige Schutzhülle über dem Bauch zusammenzieht – und rollt ihn einfach auseinander.

Schwache Igel, die nicht mehr genug Kraft haben, um sich einzurollen, werden sogar von Iltissen, Mardern oder Hunden erbeutet.

Neben den vielen Feinden mit Zähnen und Krallen ist die größte Gefahr für Igel der Straßenverkehr. Insbesondere in der Dämmerung und nachts trippeln sie über die Straße. Gegen Autos hat auch der fitteste Igel keine Chance.

Ein Igel als Haustier?

Manche Leute finden Igel so nett, dass sie sich sogar einen ins Haus holen wollen. Einheimische Igel sind aber geschützt und dürfen nur dann ein Weilchen im Haus wohnen, wenn sie verletzt oder krank sind. Deshalb kommen die Hausigel, die in Tierhandlungen angeboten werden, aus Afrika. Sie sind viel kleiner als unsere frei lebenden Stacheltiere und heißen Zwergigel oder Weißbauchigel.

Freilebende Jungigel, die in Not geraten sind, darf man füttern. Später sollen sie aber wieder in die Freiheit entlassen werden.

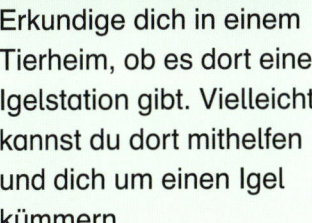

Für Forscher

Erkundige dich in einem Tierheim, ob es dort eine Igelstation gibt. Vielleicht kannst du dort mithelfen und dich um einen Igel kümmern.

Selbst wenn Igel noch so niedlich sind – sie brauchen ihre Freiheit.

Auch bei uns gibt es Igel schon zu kaufen. Sie werden sogar in verschiedenen Farben gezüchtet: Es gibt sie in Blond und Creme, mit Tupfen und mit Streifenmuster. Tierhändler behaupten, man könne Zwergigel leicht in einem Kaninchenkäfig halten.

Doch wie jeder Igel wollen sie nachts stundenlang spazieren laufen und alles beschnüffeln und untersuchen. Aber was gibt es in einem Kaninchenkäfig schon zu untersuchen? Nichts! Igel möchten ihr Futter gerne selbst aufspüren. In ihrem Käfig aber haben sie nach wenigen Minuten ihr Fressen verputzt und langweilen sich den Rest der Nacht. Wer Igel wirklich mag, der sperrt sie nicht in Käfige!

Interessantes zum Igel

Spitzmaus
Maulwurf

? Haben alle Tiere mit dem Wort „Igel" im Namen Stacheln?

! Nein. Bei uns gibt es nur Igel mit Stacheln. Aber weit weg in Südostasien leben die Rattenigel, die keine Stacheln, sondern ein dichtes, borstiges Fell haben. Rattenigel werden so groß und schwer wie Kaninchen und leben in Wäldern und Sümpfen.

? Wer sind die nächsten Verwandten des Igels?

! Igel gehören zu den Insektenfressern und sind deshalb eng mit Spitzmäusen und Maulwürfen verwandt – auch wenn sie ihnen kein bisschen ähnlich sehen. Der Ameisenigel in Australien oder das Stachelschwein in Asien haben zwar Stacheln, sind aber nicht mit dem Igel verwandt.

? Wie schnell wachsen Igelstacheln?

! Bei der Geburt hat ein Igelbaby nur 100 weiche, weiße Stacheln, nach zehn Tagen sind es schon 300 Stacheln und wenn ein Jungigel das Nest verlässt, hat er bereits mehr als 3 000 Stacheln. Stacheln fallen auch mal aus – aber wie Haare wachsen sie immer wieder nach.

? Tragen Igel wirklich Fallobst auf ihren Stacheln spazieren?

! Nein – und deshalb gibt es davon auch kein Foto! Es kann schon mal eine Pflaume auf dem Stachelrücken eines Igels hängenbleiben. Das stört ihn nicht weiter und daher lässt er sie dort einfach stecken. Wenn ein Igel wirklich etwas wegtragen will, schleppt er es im Maul davon.

Die Autorin

Veronika Straaß ist Diplom-Biologin und als Autorin, freie Journalistin, Übersetzerin und Lektorin tätig. Sie hat bereits zahlreiche Bücher und Zeitschriftenartikel für Kinder und Jugendliche verfasst. Es ist ihr wichtig, den jungen Lesern die Natur vor unserer Haustür näherzubringen. In ihrer Freizeit beschäftigt sie sich gerne mit ihrer Eurasier-Hündin Luna.